Pippa Young
Ponyhof Apfelblüte
Lotte und die Übernachtungsparty

Alle Bände der Reihe Ponyhof Apfelblüte:

Band 1: Lena und Samson
Band 2: Paulina und Lancelot
Band 3: Lotte und Goldstück
Band 4: Hannah und Pinto
Band 5: Mia und Aska
Band 6: Julia und Smartie
Band 7: Sternchen und ein Geheimnis
Band 8: Rapunzel und der Spuk im Wald
Band 9: Samson und das große Turnier
Band 10: Ladys glanzvoller Auftritt
Band 11: Lenas mutige Entscheidung
Band 12: Lotte und die Übernachtungsparty
Band 13: Ein eigenes Pony für Mia
Band 14: Paulinas großer Traum
Band 15: Glaub an dich, Juli
Band 16: Lena springt ins Glück
Band 17: Hör auf dein Herz, Lotte
Band 18: Große Sorge um Sternchen

Sonderband: Weihnachten auf dem Reiterhof

Pippa Young

Ponyhof Apfelblüte

Lotte und die Übernachtungsparty

Aus dem Englischen übersetzt
von Sandra Margineanu

Illustriert von Eleni Livanios

Band 12

Loewe

Mit besonderem Dank an Catherine Hapka

FSC
www.fsc.org
MIX
Papier aus verantwortungsvollen Quellen
FSC® C014496

ISBN 978-3-7855-8940-3
3. Auflage 2021

Bühlstraße 4, D-95463 Bindlach
Aus dem Englischen übersetzt von Sandra Margineanu
Umschlag- und Innenillustrationen: Eleni Livanios
Umschlaggestaltung: Jessica Szczepanek
Printed in the EU

www.loewe-verlag.de

Inhalt

Eine tolle Idee

„Unglaublich, dass es schon so heiß ist!“ Lena Kennet wischte sich mit dem Handrücken den Schweiß von der Stirn.

„Ja“, stimmte ihre Freundin Mia Howard ihr zu. Sie strich sich eine Strähne ihrer gelockten karamellfarbenen Haare aus dem verschwitzten Gesicht. „Es fühlt sich irgendwie seltsam an, weil wir immer noch Schule haben und es bis zu den Sommerferien noch dauert.“

„Ist doch egal.“ Juli Marle schwang einen Sattel auf den Rücken eines kastanienbraunen Ponys namens Smartie. „Es ist genau der richtige Tag für einen Ausritt in den kühlen, schattigen Wald.“

Lena grinste. „Stimmt genau!“

Sie striegelte noch ein letztes Mal mit der Bürste über das Fell des Apfelschimmels Samson, ihres Lieblingsponys. Es war Samstagnachmittag und Lena, Mia, Juli und ihre Freundin Lotte Stevens standen im Hof des Ponyhofs Apfelblüte und machten sich für den Ausritt fertig. Lena hatte den Ponyhof an dem Tag entdeckt, an dem sie und ihre Mutter in das kleine Örtchen Willow Springs gezogen waren. Das war jetzt ungefähr ein Jahr her.

Als sie mit dem Putzen fertig war, hob Lena Samsons Sattel hoch und legte ihn vorsichtig auf seinen Rücken. Nachdem sie den Sattelgurt festgezogen hatte, warf sie einen Blick auf Samsons Vorderbein. Mia bemerkte es und kam näher.

„Was macht seine Verletzung?“, fragte sie.

„Die Wunde sieht jeden Tag ein bisschen besser aus.“ Lena gab Samson einen liebevollen Klaps. Sie war froh, dass es ihm so gut ging. Er hatte sich vor ein paar Wochen an einer zerbrochenen Zaunlatte geschnitten. Erst seit dem letzten Wochenende konnte Lena wieder auf ihm reiten.

Solange ihr Lieblingspony verletzt war, hatte sie eigentlich gar nicht reiten wollen. Aber ihre Freundinnen, ihre Mutter und Mrs Marle hatten sie überredet, auf Pinto zu reiten – ein sanftes, gut erzogenes

Pony, das zu Besuch auf dem Hof gewesen war. Zuerst war Lena ziemlich nervös gewesen, aber dann hatte es Spaß gemacht, ein anderes Pony auszuprobieren. So sehr sogar, dass sie einverstanden war, auch ein paar andere Ponys auszutesten. Nachdem Pinto wieder nach Hause zurückgekehrt war, war Lena auf Rapunzel und Coco geritten.

Diese beiden Ponys waren auch toll gewesen. Aber Lena hatte sich wahnsinnig gefreut, als Mrs Marle verkündete, dass Samson wieder an die Arbeit gehen durfte. Unterschiedliche Ponys zu reiten machte wirklich Spaß, aber Lena mochte ihren sanften Apfelschimmel immer noch am liebsten.

Die vier Mädchen stiegen auf und ritten

über die Wiese hinter den Ställen. Die Sonne brannte auf sie herunter. Lena schwitzte und wurde von der Hitze ganz schläfrig. Sie war froh, dass Samson gemütlich hinter Lottes Pony Goldstück hertrottete, das als zweites hinter Smartie lief. Lena war sich nämlich nicht sicher, ob sie überhaupt die Kraft aufbringen konnte, Samson mit den Beinen zum Weiterlaufen aufzufordern.

Es wurde besser, als die Ponys den Wald betraten. „Ah!", seufzte Mia. „Hier ist es viel angenehmer."

Die Ponys schienen das auch so zu empfinden. Smartie, der immer noch voranlief, begann zu traben und spitzte die Ohren.

„He, Smartie", sagte Juli lachend und

parierte ihr Pony zum Schritt durch.
„So viel kühler ist es nun auch wieder nicht.“

„Aber es ist doch kühl genug für einen kleinen Trab, oder?“, fragte Lotte. Sie grinste Lena und Mia über die Schulter an. Ihre grünen Augen funkelten unter ihrem pinkfarbenen Reithelm. „Vielleicht sogar für Galopp.“

„Die Ponys sind noch nicht richtig aufgewärmt“, warf Mia ein.

Lotte beugte sich vor und legte die Hand auf Goldstücks Schulter. „Ich weiß nicht, Goldstück fühlt sich schon sehr warm an“, meinte sie.

„Lasst uns noch kurz warten“, schlug Lena vor. „Außerdem haben wir noch gar nicht über deinen Geburtstag gesprochen, Lotte.“

„Oh, stimmt", sagte Juli. „Der ist doch schon nächsten Samstag. Was willst du machen, Lotte?"

Lotte zuckte mit den Schultern. „Ich weiß es nicht. Wegen der Zwillinge ist immer so ein Trubel, dass ich noch gar nicht darüber nachdenken konnte."

Vor ein paar Monaten war Lotte Schwester von Zwillingen geworden. Ihre Mutter hatte Andrea und Nickolas schon einige Male mit zum Ponyhof gebracht. Lena hatte noch nie etwas Süßeres als die beiden gesehen – sie waren fast so süß wie Samson!

„Ich weiß was", sagte Mia. „Wie wäre es mit einer Tanz-Party?"

„Eine Tanz-Party?", wiederholte Juli zweifelnd. „Lotte reitet lieber, als zu tanzen, oder Lotte? Wie wäre es mit einem Mini-Turnier?“ Sie drehte sich im Sattel zu den anderen Mädchen um. Ihre blauen Augen glänzten vor Aufregung. „Wir könnten Hürden aufbauen und vielleicht auch eine Hindernisstrecke.“

„Klingt gut, aber wie sollen wir das alles rechtzeitig vorbereiten?“, fragte Mia. „Wir haben nur bis zum nächsten Wochenende Zeit.“

„Ich habe eine Idee, die ganz einfach ist“, sagte Lena. „Wie wäre es mit einer Übernachtungsparty?“

„Eine Übernachtungsparty?“ Mia lächelte. „Das wäre super!“

„Ja, Übernachtungspartys sind irre gut“, stimmte Juli zu. „Isabel und ihre Freundinnen haben ständig welche gemacht, als sie in unserem Alter waren."

„Echt?", fragte Lena. Isabel war Julis Schwester und schon beinahe sechzehn.

Juli nickte und sah mit jeder Sekunde begeisterter aus. „Wir können ganz lange aufbleiben, einen Mitternachtsimbiss machen, Musik hören, unsere Nägel in verrückten Farben lackieren …"

„Halt, halt, halt!", sagte Lotte laut.

Lena musste kichern, als Samson stehen blieb. „Sie hat nicht mit dir gesprochen, Dummerchen", sagte sie zu ihm. Sie forderte ihn wieder zum Schritt auf und sah Lotte an. „Was ist?“

Lotte runzelte die Stirn. „Habt ihr nicht etwas vergessen?“, sagte sie. „Die Zwillinge. Meine Eltern erlauben niemals, dass wir bei uns zu Hause eine Übernachtungsparty machen. Gestern Nacht habe ich aus Versehen auf meinen Wecker gedrückt. Der Alarm hat die Kleinen aufgeweckt. Sie haben bestimmt eine Stunde lang nur geschrien.“

Lena hatte das Gefühl, dass Lotte übertrieb. Fast immer, wenn sie Andrea und Nickolas traf, lächelten die beiden friedlich und jammerten nur ab und zu mal.

„Bist du sicher?“, fragte sie. Sie wollte die Idee von der Übernachtungsparty noch nicht aufgeben. „Und wenn wir versprechen, leise zu sein …“

„Vergiss es.“ Lottes Stimme klang hart. „Wir müssen uns etwas anderes ausdenken.“

Sie machte immer noch ein verkniffenes Gesicht. Lena warf Juli und Mia einen verwunderten Blick zu. Es sah Lotte gar nicht ähnlich, so grummelig und schlecht gelaunt zu sein. Normalerweise war sie immer fröhlich und mit fast allem einverstanden.

Plötzlich leuchteten Julis Augen wieder auf. „Ich hab's“, sagte sie. „Wenn wir die Übernachtungsparty nicht bei dir machen können, machen wir sie eben direkt hier!“

„Hier?“ Lena sah sich um. „Du meinst, mitten im Wald?“

Juli rollte mit den Augen. „Natürlich nicht. Ich meine, auf dem Ponyhof!"

„Was?", stieß Mia hervor.

„Denkt doch mal darüber nach." Juli lenkte Smartie um einen Felsen herum, dann sah sie wieder zu den anderen zurück. „Bei diesem heißen Wetter bleiben die Ponys auch nachts draußen. Wir könnten im Stall übernachten!"

„Oh, na klar!", rief Lena. „Wir können unsere Schlafsäcke in die große Doppelbox legen, in der Sternchen und Surprise gewohnt haben, bevor er entwöhnt wurde."

„In der Nachbarbox könnte unser Umkleidezimmer sein", fügte Mia hinzu. „Und das Knabberzeug und die Spiele legen wir in einer anderen Box ab."

Lottes Stirn glättete sich etwas. „Das klingt eigentlich ganz spaßig. Glaubst du, deine Mutter erlaubt das?“, fragte sie Juli.

„Ich bin mir sicher, dass sie das wird. Wir fragen sie gleich, wenn wir zurück sind.“ Juli nahm die Zügel kürzer. „Los kommt, lasst uns jetzt traben!“

Während die vier Ponys dem gewundenen Pfad folgten, konnte Lena Mia mit Aska flüstern hören. „Hast du *Brr!* zu ihr gesagt?“, rief sie über ihre Schulter. „Willst du anhalten?“ Eines der ersten Dinge, die Lena im Reitunterricht gelernt hatte, war das richtige Verhalten bei

einem Ausritt. Wenn eine Reiterin Schwierigkeiten mit ihrem Pony hatte, mussten alle anderen langsamer werden oder stehen bleiben, um ihr zu helfen.

„Nein, alles in Ordnung. Ich übe nur halbe Paraden“, erwiderte Mia lächelnd.

„Ach so!“ Lena lächelte zurück. „Gute Idee.“

In der letzten Reitstunde hatte Mrs

Marle angefangen, Lena und Mia halbe Paraden beizubringen. Mit halben Paraden konnte man sein Pony dazu bringen, sein Gleichgewicht zu stabilisieren. Die Hilfen waren so ähnlich wie beim Halt, aber etwas weicher. Das Pony sollte sich nur konzentrieren und für die nächste Hilfe bereit machen.

„Ho, Samson“, wisperte Lena. Sie nahm die Zügel leicht zurück und sank etwas tiefer in den Sattel. Samson blieb abrupt stehen.

„Pass auf!“, rief Mia. Aska schnaubte und blieb ebenfalls plötzlich stehen, um nicht gegen Samson zu stoßen.

„Ups!“ Lena kicherte. „Ich habe ihm die Hilfe für Halt gegeben statt die für die halbe Parade.“

Mia kicherte auch. „Es ist aber auch verwirrend", stimmte sie zu. „Außerdem ist es schwierig, Hand-, Bein- und Sitzhilfen alle gleichzeitig richtig zu geben. Aber für mich und Aska ist das eine gute Übung, weil sie dann aufmerksam bleibt."

Bevor Lena auf den Ponyhof gekommen war, war Mia meistens auf Samson geritten. Aber sie hatte sich gefreut, auf Aska zu wechseln, die nicht so ruhig war und sich leicht ablenken ließ. Lena fand, dass die beiden sehr gut zusammenpassten. Beide, Pony und Mädchen, waren lebhaft, verschmitzt und lustig. Mia ritt noch nicht sehr viel länger als Lena und hatte oft Mühe, Askas Ausgelassenheit zu kontrollieren.

„Ich glaube, ich muss bei Samson

mehr das Bein und weniger die Hand benutzen, weil er langsamer ist als Aska“, sagte Lena. „Lass es uns noch einmal versuchen.“

Lotte drehte sich zu ihnen um. „Worüber redet ihr?“

„Halbe Paraden“, antwortete Mia. „Wir üben sie während des Reitens.“

„Oh.“ Lotte zuckte mit den Schultern. „Ich weiß schon, wie das geht. Lasst uns lieber galoppieren.“

Ohne eine Antwort abzuwarten, schnalzte sie auffordernd mit der Zunge. Goldstück preschte voran und Juli forderte Smartie ebenfalls zum Galopp auf.

„Wartet!“, rief Lena. Sie nahm die Zügel fester in die Hand, denn sie konnte Samson nicht mehr stoppen. Einen Augenblick später galoppierte er hinter den anderen Ponys her.

„Hey!“, rief Mia, als Aska die Verfolgung aufnahm. Sie holte Samson schnell ein und wollte ihn auf dem schmalen Weg überholen.

„Brr!“, rief Lena. Aber Samson hörte nicht auf sie. Alles, was sie tun konnte, war, sich festzuhalten und zu hoffen, dass Aska sie nicht ins Gebüsch drängte.

Eine Entdeckung im Wald

Die Ponys galoppierten den Weg entlang und Lena klammerte sich verzweifelt fest. Vor ihnen öffnete sich eine grasbedeckte Lichtung. Smartie und Goldstück galoppierten zuerst auf die Lichtung, dann Samson und Aska dicht hinter ihm. Da es jetzt genug Platz zum Überholen gab, raste Aska an Samson vorbei und dann auch noch an Goldstück.

„Vorsicht!“, rief Lena. Ihr rutschte beinahe das Herz in die Hose. Endlich wurde Samson langsamer, aber Aska schien entschlossen zu sein, weiterzugaloppieren.

Als sie neben Smartie war, sah Juli

überrascht zur Seite. „Brr!“, rief sie und brachte ihr Pony zum Stehen. „Alle, Halt!“

Aska raste an ihr vorbei. Bevor sie im Wald auf der anderen Seite der Lichtung verschwinden konnte, gelang es Mia, sie zu wenden. Sie ritten ein paarmal im Kreis, dann endlich konnte sie das Pony zum Anhalten durchparieren.

Sie keuchte außer Atem und starrte Lotte und Juli wütend an. „Warum habt ihr das gemacht?“

Mia wurde eigentlich nicht so schnell wütend, aber Lena konnte gut verstehen, dass sie jetzt so aufgebracht war.

Mia schüttelte den Kopf. „Ihr habt doch gewusst, dass wir noch nicht bereit zum Galoppieren waren“, sagte sie zu den anderen beiden Mädchen.

Juli war blass im Gesicht. „Tut mir leid, Mädels“, sagte sie. „Lotte meinte, ‚lasst uns galoppieren‘, und ich habe nicht gemerkt …“

„Wie auch immer.“ Lotte zuckte mit den Schultern. „Du hättest besser aufpassen sollen. Wer voranreitet, gibt die Gangart vor, oder nicht?“

Mia sah so aus, als ob sie weiterdiskutieren wollte. Lena schluckte. Sie wollte nicht, dass ein Streit den schönen Tag zerstörte. Schließlich war nichts Schlimmes passiert.

„Seht ihr den Baumstamm da?“, fragte sie und zeigte auf den umgestürzten

Baum. „Er hat genau die richtige Größe zum Drüberspringen, oder nicht?“

Juli lächelte und nickte. Sie schien erleichtert zu sein, dass Lena das Thema gewechselt hatte. Mias Gesicht entspannte sich. Aber Lotte zuckte nur wieder mit den Schultern und wandte sich ab.

Lena sah ihr verdutzt nach. Warum hatte ihre Freundin so schlechte Laune?

„Vielleicht ist sie müde“, dachte sie. „Mama sagt immer, dass ich muffelig werde, wenn ich zu lange wach geblieben bin, um zu lesen oder einen Film zu schauen. Vielleicht ist Lotte spät ins Bett, weil sie noch mit den Zwillingen gespielt hat.“

„Wer als Letzte drüben ist, ist eine

lahme Ente!“, rief Mia, die eindeutig nicht mehr sauer war. Sie lenkte Aska auf den Baumstamm zu und segelte darüber. Juli folgte ihr auf Smartie.

„Wir sind dran“, sagte Lena zu Samson und forderte ihn zum Trab auf. „Wir wollen keine lahme Ente sein, oder?“

„Nicht so schnell“, sagte Lotte grinsend. Sie schnitt ihnen den Weg ab und sprang mit Goldstück über den Stamm. „Ha, Lena ist eine lahme Ente!“

Lena sprang über die Hürde und lachte. Dass ihre Freundin sie neckte, machte ihr nichts aus. Sie war froh, dass Lottes Laune wieder besser war.

„Seht ihr das?“, fragte sie dann die anderen. Ihr war etwas hinter dem umgestürzten Baum aufgefallen. „Ich glaube, das ist ein Pfad, den wir noch nicht kennen.“

Juli kam zu ihr herübergeritten. „Er muss die ganze Zeit hinter dem Baum versteckt gewesen sein, als der noch stand“, meinte sie. „Lasst uns den Weg ausprobieren.“

Sie folgten dem Pfad in den Wald. Er war noch schmaler und gewundener als der, den sie gekommen waren. Nach etwa fünf Minuten fiel der Boden vor ihnen

plötzlich steil

ab.

Juli brachte Smartie zum Stehen. „Wir drehen besser um. Das ist zu steil. Die Ponys könnten stürzen."

Lena linste um sie herum und musste ihr zustimmen. „Komm, Samson", sagte sie und wendete mit den Zügeln den Kopf des Ponys.

Der Weg war so schmal, dass die Ponys Mühe hatten, sich umzudrehen. Aber schließlich liefen alle wieder zurück zur Lichtung.

„Ich muss Mama von dem neuen Weg erzählen“, sagte Juli. „Und dass er für Pferde nicht geeignet ist.“

Eine Stunde später ritt Lena mit ihren Freundinnen auf den Hof.

„Guck mal“, sagte Lotte. „Ist das nicht deine Mutter, Lena?“

Mia stieß ein begeistertes Quietschen aus. „Und wer ist das?“

Kurz dachte Lena, sie meinte Mr Gelburg. Er stand neben ihrer Mutter. Das war keine Überraschung, die beiden waren seit einigen Monaten ein Paar und kamen oft gemeinsam zum Ponyhof, um Lena abzuholen.

Dann sah sie das goldene Fellbündel,

das die Hofhunde, Skip und Hop, über das Kopfsteinpflaster jagte. Mr Gelburg hatte vor Kurzem einen zweiten Hund bei sich aufgenommen, einen süßen kleinen Labradorwelpen. Seine schon etwas ältere Hündin Daisy saß in der Nähe und sah den anderen drei Hunden mit gespitzten Ohren zu.

„Das ist Simba", erklärte Lena ihren Freundinnen lächelnd. „Ich habe euch doch schon von ihm erzählt."

„Du hast aber nicht gesagt, wie unglaublich niedlich er ist", meinte Mia.

Lena war sich sicher, dass sie das sehr wohl getan hatte. Aber es machte ihr nichts aus. Als sie den Welpen zum ersten Mal gesehen hatte, hatte sie ganz ähnlich reagiert.

Die Mädchen sattelten ihre Ponys in Rekordgeschwindigkeit ab. Neben dem Apfelbaum in der Mitte des Hofs spritzten sie ihre Lieblinge dann mit dem Wasserschlauch ab. Die Hunde kamen fröhlich herbeigesprungen, um zu sehen, was sie da machten. Mia spritzte Simba mit dem Schlauch nass und musste lachen, als er nach dem Wasserstrahl schnappte.

„Er ist so verspielt“, sagte Mia. „Ich wünschte, ich hätte auch einen Welpen!“

Lena pikste Juli mit dem Finger in den Arm. „Frag deine Mutter wegen der Übernachtungsparty für Lotte!“

„Ja, stimmt!“ Juli grinste und lief zu ihrer Mutter.

Einen Augenblick später war alles geregelt. „Wenn eure Eltern alle einverstanden sind, dann bin ich es auch“, sagte Mrs Marle lächelnd.

„Das kann ich gleich beantworten“, mischte Lenas Mutter sich ein. „Erlaubnis erteilt!“

„Hurra!“, jubelte Mia. „Ich weiß, dass meine Eltern es auch erlauben werden. Wir sollten Paulina und Hannah anrufen und ihnen Bescheid sagen.“

Lena nickte. Paulina Wells und Hannah Glass waren ihre anderen beiden Ponyhof-Freundinnen. Sie würden sich bestimmt genauso auf die Übernachtungsparty freuen wie sie.

Mrs Marle sah zu den Ponys hinüber, die immer noch neben dem Apfelbaum angebunden waren. „Ich glaube nicht, dass die Ponys den ganzen Tag in der prallen Sonne stehen wollen", sagte sie. „Ihr könnt sie auf die Koppel bringen."

Lena und ihre Freundinnen brachten die Ponys zum Rest der Herde. Als sie zurück auf den Hof kamen, waren Mrs Marle und Mrs Kennet verschwunden.

„Wo ist Mama?", fragte Lena Mr Gelburg, der Daisy über den Kopf streichelte, während die anderen Hunde immer noch spielten.

„Eine von Mrs Marles Bekannten

möchte ein Porträtbild von ihrem exotischen Fisch in Auftrag geben", sagte er. „Mrs Marle hat die Kontaktdaten nicht in ihrem Handy, deshalb sind sie reingegangen, um sie zu holen."

Lena nickte. Ihre Mutter hatte schon immer gerne gemalt. Aber seitdem sie in Willow Springs wohnten, hatte sie aus ihrem Hobby ein Geschäft gemacht. Sie malte Porträtbilder von Haustieren.

Mia, Lotte und Juli spielten mit den Hunden. Mr Gelburg sprang erschrocken

auf, als Simba einen Eimer mit Putzzeug umwarf.

„He, Simba." Er lief zu dem ungestümen Welpen und hielt ihn fest. „Pass auf, Kleiner. Besser ich leine dich an den Apfelbaum, dann kannst du im Schatten ein wenig zur Ruhe kommen."

„Nein, bitte nicht", sagte Juli. „Er könnte auf dem Reitplatz herumtollen. Da steht nichts herum, was er umwerfen könnte."

Mr Gelburg lächelte. „Das klingt gut", stimmte er zu. „Simba kann noch etwas Bewegung gebrauchen, damit er richtig müde wird. Zeigst du uns den Reitplatz?"

Welpentraining auf dem Reitplatz

Lena und ihre Freundinnen führten Mr Gelburg durch einen steinernen Torbogen auf den Reitplatz dahinter. Dieser lag zwischen dem Hof und der großen

Wiese. Hop und Skip entdeckten ein Eichhörnchen und rasten los, aber Daisy blieb dicht neben Mr Gelburg.

Simba trug er zum Glück noch auf dem Arm. Sobald er den Welpen auf dem umzäunten Platz absetzte, schnupperte Simba am Sand und rannte dann aufgeregt bellend herum.

Lotte kicherte. „Ich glaube, ihm gefällt der Sand unter seinen Pfoten."

„Wir könnten ihm ein paar Hürden aufbauen", schlug Juli vor.

Mr Gelburg schüttelte lächelnd den Kopf. „Ich glaube, dafür ist er noch etwas zu jung", sagte er. „Seine Knochen und Muskeln müssen erst noch kräftiger werden."

Lena tätschelte Daisy, die sich neben ihr auf den Hinterbeinen niedergelassen hatte. „Willst du nicht auch ein bisschen herumrennen, Daisy?", fragte sie.

„Daisy hat in ihrem Leben schon mehr als genug gespielt", sagte Mr Gelburg schmunzelnd. „Heutzutage ist sie sehr zufrieden damit, einfach nur ruhig zuzuschauen."

„Ich aber nicht", sagte Mia. „Ich mache mit – wer noch?"

Lena musste lachen, als Mia unter dem Zaun durchkletterte und Simba hinterherrannte und dabei zum Spaß ebenfalls wie ein kleiner Hund bellte. Lotte und Juli folgten ihr. Trotz der Hitze konnte Lena nicht widerstehen und schloss sich ihnen an.

„Wuff! Wuff!", bellte sie. Simba rannte an ihr vorbei und sie versuchte ihn zu fangen, aber sie erwischte nur eine Armladung Sand.

„Was ist denn hier los?"

Lena blickte in die belustigten Gesichter ihrer Mutter und Mrs Marles. Mr Gelburg erzählte ihnen, was die Mädchen auf dem Reitplatz machten. Simba hatte inzwischen genug vom Herumrennen. Er schnupperte an etwas auf dem Boden neben einer Hürde. Dann hob der Welpe es mit seinem Maul auf und rannte damit weg.

„Was hat er denn da?“, fragte Lotte.

Juli kniff die Augen zusammen. „Sieht wie ein Hufschuh aus.“

„Oje“, sagte Mrs Marle. „Ich habe vergessen, dass ich den hier liegen gelassen habe.“

„Simba, aus!“ Mr Gelburg betrat den Reitplatz und rannte dem Welpen hinterher. Simba schien das für ein wunderbares Spiel zu halten. Er duckte sich und wedelte mit dem Schwanz, um nicht gefangen zu werden.

Als es Mr Gelburg schließlich gelang,

den kleinen Hund in die Enge zu treiben, waren alle verschwitzt und mit einer feinen Sandschicht bedeckt. Lena nahm an, dass Mr Gelburg mit Simba schimpfen würde, aber stattdessen nahm er ihm den Hufschuh behutsam aus dem Maul und legte dem Welpen die Leine an.

„Tut mir leid wegen dem Sabber", sagte er und reichte Mrs Marle den Schuh. „Ich glaube, er hat ihn nicht kaputt gemacht, aber falls doch, werde ich ihn selbstverständlich ersetzen."

„Keine Sorge, alles in

Ordnung“, sagte Mrs Marle lächelnd. „Es war ja mein Fehler, dass ich ihn hier liegen gelassen habe.“

„Sagen Sie Simba nicht, dass er ungehorsam war?“, fragte Mia Mr Gelburg.

„Nein, Schelte versteht er noch nicht“, erklärte er. „Außerdem arbeite ich lieber mit positiven Trainingsmethoden.“

Mia nickte. „Sie meinen, dass Sie ihm ein Leckerli geben, wenn er etwas richtig gemacht hat? So machen wir es manchmal mit den Ponys.“

„Ich gebe den Hunden normalerweise keine Leckerlis als Belohnungen, weil manche Hunde dann anfangen zu schnappen“, erwiderte Mr Gelburg. „Zum Glück sind Hunde meistens mit einem freundlichen Lob zufrieden. Also lobe ich Simba, wenn er sich richtig verhält. Schlechtes Benehmen versuche ich nicht zu beachten, solange es nicht zerstörerisch oder gefährlich ist." Die Gruppe ging zum Hof zurück. Mia fragte Mr Gelburg weiter über das Hundetraining aus, aber Lena interessierte sich mehr für die bevorstehende Übernachtungsparty.

„Vergiss nicht, deine Eltern zu fragen", sagte sie zu Lotte. „Wer lädt die anderen ein?"

„Ich rufe Paulina an und du kannst dich bei Hannah melden", bestimmte Juli und deutete auf Lena. „Einverstanden?"

„Klar." Lena lächelte und freute sich schon darauf, ihrer Freundin von ihren Plänen zu erzählen.

Lena rief Hannah an, sobald sie mit ihrer Mutter zu Hause war. Als sie auflegte, lächelte sie.

„Hannahs Mutter war am Telefon und hat gleich Ja gesagt", berichtete sie ihrer eigenen Mutter, die Karotten für den Salat schnippelte. „Ich hoffe, die anderen dürfen auch alle."

„Ach, ganz bestimmt." Mrs Kennet warf die Karotten in eine Schüssel und griff nach einer Salatgurke. „Was habt ihr alles für die Übernachtungsparty geplant?"

Lena hatte sich schon einige Gedanken gemacht. „Ich würde gerne Marshmallows grillen."

Mrs Kennet hob die Augenbraue. „Du meinst am Feuer? Ich glaube nicht, dass

Mrs Marle das erlauben wird."

„Oh." Lena biss sich auf die Lippe, denn ihre Mutter hatte natürlich recht. Feuer in der Nähe des Stalls war keine gute Idee, mit all dem leicht entzündlichen Stroh und Heu. „Dann können wir auch keine Marshmallow-Kekse machen."

Sie war ein bisschen enttäuscht. Sie liebte es, Kekse mit geschmolzenen Marshmallows und Schokolade zusammenzukleben und zu essen, seit sie mit ihrem Vater einige Male zelten gewesen war. Er wohnte in der Stadt, war aber genausо gerne in der freien Natur wie Lena.

„Du musst eben erfinderisch sein“, sagte ihre Mutter und zwinkerte ihr zu. „Du könntest die Kekse zu Hause vorbereiten und mitbringen.“

Lenas Miene heiterte sich wieder auf. „Was für eine hervorragende Idee!“, sagte sie. „Ich kann die Marshmallows im Ofen rösten und sie mit der Schokolade zwischen die Kekse schieben. Und wenn ich mit ihnen in den Stall komme, sind sie wunderbar zusammengeklebt.“

„Perfekt!“

Lena wollte ihrer Mutter gerade mit dem Salat helfen, als sie etwas Warmes, Weiches an ihrem Bein spürte. Es war ihr Kater Mogli.

„Du riechst wohl den Lachs in der Pfanne, was?“, scherzte sie und bückte sich, um ihn zu streicheln. Sie strich mit den Fingern über das hübsche Halsband, das sie ihm letzte Woche von ihrem Taschengeld gekauft hatte. „Dein neues Halsband sieht wirklich schön aus. Aber ich habe Lottes Geburtstag vergessen, als ich es gekauft habe. Ich weiß nicht, ob ich noch genug Geld übrig habe, um ihr ein Geschenk zu besorgen.“

„Ein Geschenk muss nicht viel kosten“, erinnerte ihre Mutter sie. „Warum machst du ihr nicht etwas selbst? Du könntest ihr ein Bild von Goldstück malen.“

„Gute Idee!“, sagte Lena.

Goldstück war Lottes Pony. Schon seit einigen Jahren hatte der Palomino-

Wallach eine Mietbox auf dem Ponyhof Apfelblüte. Nachdem die Zwillinge auf die Welt gekommen waren und das Geld etwas knapper geworden war, hatten Lottes Eltern mit Mrs Marle vereinbart, dass sie Goldstück auch für den Reitunterricht einsetzen durfte und dafür die Miete für die Unterbringung im Stall niedriger wurde.

„Lotte vermisst es bestimmt, nicht mehr jederzeit auf Goldstück reiten zu können“, sagte Lena. „Aber wenigstens kann sie sich dann sein Bild ansehen, wenn er ihr fehlt.“ Sie umarmte ihre Mutter. „Ich fange gleich nach dem Abendessen mit dem Malen an.“

Arme Lotte!

„Ich hole deine Kamera“, sagte Lena, als sie am nächsten Tag aus dem Auto ihrer Mutter hüpfte. Sie öffnete den Kofferraum und holte die Schultertasche mit der Kamera heraus.

Mrs Kennet hatte Lena zum Ponyhof gefahren. Es war wieder sehr heiß heute. Zu heiß, um mit dem Fahrrad den ganzen Weg den Hügel hinaufzufahren. Außerdem hatte Mrs Kennet angeboten, Fotos von Goldstück zu machen, damit Lena die Fotos zu Hause als Vorlage verwenden konnte, um ein noch schöneres Bild zu malen.

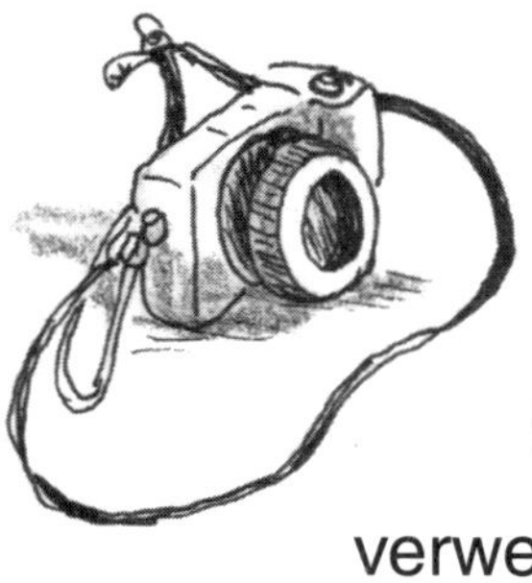

Lena reichte ihrer Mutter die Kamera und gemeinsam betraten sie durch das große Steintor den Hof. Mia und Hannah kamen gerade mit Führstricken über der Schulter aus der Sattelkammer.

„Hallo, Hannah!“ Lena winkte ihrer Freundin zu. „Wir haben dich gestern bei unserem Ausritt vermisst.“

Hannah lächelte sie unter ihrem blonden Pony hervor an. Sie sah wie immer etwas schüchtern aus. „Danke für die Einladung zur Übernachtungsparty.“

„Aber gerne doch!“, sagte Mia. „Ohne dich wäre es nicht dasselbe!“ Sie grinste Lena an. „Übrigens haben meine Eltern Ja gesagt.“

„Cool!“, sagte Lena. „Juli hat mir erzählt, dass Paulina auch dabei ist.“

Mrs Kennet sah sich auf dem Hof um.

Mehrere Ponys ließen ihre Köpfe über die halb geöffneten Boxentüren hängen.

„Welches ist Goldstück?“, fragte sie.

„Goldstück?“ Mia zuckte mit den Schultern. „Ich glaube, er ist noch nicht hier. Juli hat gesagt, dass Lotte heute nicht mit uns reitet.“

„Oh, wie schade“, sagte Lena. „Dann ist Goldstück noch auf der Koppel.“

„Warum suchen Sie Goldstück?“, fragte Mia Mrs Kennet. „Hat Lotte ein Porträt von ihm in Auftrag gegeben?“

„Nicht ganz.“ Mrs Kennet zwinkerte Lena zu, die den anderen von ihrem Geschenk erzählte.

Mia klatschte begeistert in die Hände. „Das klingt super!“, rief sie. „Viel besser als die Stiftebox, die ich für sie gekauft habe. Kommt, Hannah und ich können helfen, ein Foto von ihm zu machen, bevor der Unterricht beginnt. Wir sind sowieso zu früh dran.“

Kurze Zeit später standen sie auf der Koppel. Sonntags gab es immer viele Reitstunden und Ausritte, deshalb waren nur wenige Pferde und Ponys da. Eine hübsche Palomino-Stute namens Flicka kam zu Lena und stupste sie an. Sie hoffte wohl auf ein Leckerli. Zwei Pferde sahen über den Zaun, der die Ponyweide von der der größeren Pferde trennte. Eines war ein kräftiger schwarz-weißer Hengst, der Colonel hieß. Er gehörte Lottes Großvater, dem Bürgermeister von Willow Springs.

„Verrate Mr Stevens nicht, was wir vorhaben, Colonel", sagte Lena zu dem neugierigen Pferd. „Sonst erzählt er es Lotte vielleicht."

Mia kicherte. „Ja, verrate unser Geheimnis nicht, Colonel."

Lena und ihre Freundinnen verbrachten die nächsten Minuten damit, Goldstück zu locken, damit Mrs Kennet ihn gut fotografieren konnte. Hannah warf direkt

vor seiner Nase eine Handvoll Gras in die Luft.

Goldstück spitzte die Ohren und sah zu, wie das Gras auf den Boden fiel. „Das war toll!“, sagte Mrs Kennet und machte noch mehr Fotos.

„Ja, guter Trick, Hannah“, sagte Lena.

Hannah lächelte. „Ich habe gelesen, dass das viele Pferdefotografen machen.

Die Pferde heben dann den Kopf und sehen noch hübscher aus."

Lena nickte. Wie immer war sie beeindruckt davon, wie viel Hannah über Pferde wusste. Hannah hatte erst vor einer Weile wieder mit dem Reiten angefangen. Nach einem Sturz hatte sie nämlich für einige Jahre damit aufgehört. Aber die ganze Zeit hatte sie sich weiter für Ponys und Pferde interessiert.

Nach einer Weile senkte Mrs Kennet die Kamera und sah auf die Uhr. „Wir gehen besser zum Hof zurück", sagte sie. „Ihr wollt doch nicht zu spät zu eurer Reitstunde kommen."

Sie verabschiedeten sich von den Ponys und dem Rest der Herde und machten sich auf den Weg. Vor dem Tor stieg Mrs Kennet in ihr Auto und fuhr nach Hause.

Als Mia, Hannah und Lena den Hof betraten, kam Juli eilig auf sie zugerannt. „Kommt, schnell“, sagte sie. „Mama hat gesagt, dass ihr schon längst hättet satteln sollen.“

Die nächsten paar Minuten vergingen damit, Sattelzeug zu holen, die Ponys zu striegeln und die Gurte festzuziehen. Lena schob Samson gerade die Zügel über den Kopf, als Lotte außer Atem und mit vor Hitze rotem Gesicht in den Hof stürzte.

„Hallo!“, rief Juli überrascht. „Mama hat gesagt, du kommst heute nicht zum Reiten.“

Mrs Marle trat gerade aus dem Büro und hörte ihre Worte. Sie sah zu Lotte hinüber. „Ja, deine Mutter hat mich gestern Abend angerufen“, sagte sie. „Sie meinte, dass sie dich nicht zum Reiten bringen kann, weil sie die Zwillinge zu ihrer Spielgruppe fahren muss.“

Lotte runzelte die Stirn. „Ich habe ihr gesagt, dass sie mich nicht fahren muss“, erklärte sie. „Ich bin mit dem Fahrrad gekommen.“

„Tut mir leid wegen des Missverständnisses.“ Mrs Marle schüttelte bedauernd den Kopf. „Aber Goldstück ist später schon für eine Reitstunde eingeplant. Normalerweise gebe ich dir an Wochenenden immer den Vorrang, aber ich dachte, du würdest heute nicht kommen.“

Lottes Gesicht verfinsterte sich.

„Was ist mit Coco?“, fragte Lena schnell. „Könnte Lotte auf ihr reiten?“

Mrs Marle schüttelte wieder den Kopf. „Coco wird auch gebraucht. Es tut mir sehr leid, Lotte.“

„Schon gut“, murmelte Lotte. Sie sah aus, als ob sie gleich weinen würde.

Lena hatte schreckliches Mitleid mit ihrer Freundin. Goldstück verdiente sich die Miete für seine Box durch den Reitunterricht mit anderen Leuten. Wenn er das nicht täte, hätten ihn Lottes Eltern nach der Geburt der Zwillinge verkaufen müssen. Lena wusste, wie schwer es Lotte fiel, ihr Pony mit anderen Reitern zu teilen.

„Vielleicht kannst du auf Colonel reiten, Lotte?“, schlug Mia vor. „Er ist zwar kein Pony, aber deinem Großvater würde es bestimmt nichts ausmachen.“

Lotte lächelte zaghaft. „Keine Sorge. Es macht mir nichts aus, dass ich nicht reiten kann. Es ist sowieso zu heiß heute.“

Sie drehte sich um und wollte gehen, aber Juli hielt sie am Arm fest. „Ich hab’s!“, sagte sie. „Wenn du nicht reitest, dann kannst du mit mir die Boxen für die Party vorbereiten. Paulina kommt auch gleich, um zu helfen. Wir beide haben erst später eine Springstunde.“

Paulina hatte ein eigenes Pony, Lancelot, und ritt meistens in Stunden für fortgeschrittene Reiter so wie auch Juli.

„Klingt gut“, sagte Lotte. Ihr Gesicht heiterte sich auf und sie ging mit Juli mit.

Mrs Marle räusperte sich. „Also gut, Mädels“, sagte sie. „Seid ihr fertig? Können wir anfangen?“

Lena, Mia und Hannah stiegen auf dem Reitplatz auf ihre Ponys und ritten im Kreis. Hier draußen war es noch heißer als im Hof. Samson ging ganz langsam und blieb jedes Mal stehen, wenn Lena ihr Bein etwas lockerte. Sein Trab fühlte sich schwerfällig und lahm an, als ob er sich unter Wasser bewegen würde.

Als die Ponys aufgewärmt waren, ließ Mrs Marle die Mädchen Gangwechsel üben. Mit halben Paraden sollten sie ihre Ponys für den Wechsel in die nächste Gangart vorbereiten. Leider hatte Samson keine Lust auf diese Übung. Immer wenn Lena die Zügel kürzer nahm, blieb er stocksteif stehen.

„Bleib locker, Lena“, rief Mrs Marle nach dem dritten Mal. „Denk daran, nur ganz weiche Hilfen mit den Händen zu geben und ihn dann zügig vorwärtszudrängen.“

„Ich versuche es“, murmelte Lena. Sie pustete eine verschwitzte Haarsträhne aus ihrem Gesicht.

Sie sah zu ihren Freundinnen hinüber. Mia sah unzufrieden aus. Aska war abrupt stehen geblieben, warf den Kopf hoch und trabte dann plötzlich schnell los. Hannah schien es leichter zu haben. Rapunzel wechselte geschmeidig die Gangarten, aber die hübsche Stute bewegte sich noch langsamer als Samson. Hannah war ganz rot im Gesicht, so sehr versuchte sie, das Pony anzutreiben.

„Okay, Samson“, murmelte Lena und nahm die Zügel auf. „Lass es uns noch einmal versuchen.“

Am Ende der Unterrichtsstunde hatte Lena das Gefühl, dass gar nichts geklappt hatte. Sie liebte Samson aus tiefstem Herzen, aber heute waren sie einfach kein gutes Team gewesen.

„Als ob er an etwas ganz anderes gedacht hätte als ich“, sagte sie zu ihren Freundinnen seufzend, während sie die verschwitzten Ponys mit nassen Schwämmen abwuschen.

„Ich weiß, was du meinst.“ Hannah warf ihr über Rapunzels Rücken einen

mitfühlenden Blick zu.

„Mach dir nichts draus. Morgen ist ein neuer Tag."

„Stimmt", sagte Mia. „Aber morgen müssen wir wieder in die Schule. Erst nächstes Wochenende haben wir wieder Zeit zum Reiten."

Lena drückte den Schwamm auf Samsons Nacken aus und dann mit frischem Wasser auf ihrem eigenen Kopf. „Hoffentlich ist es bis dahin etwas kühler!"

Wo ist Simba?

Lena und die anderen blieben noch, um Paulina und Juli beim Springunterricht zuzusehen. Lotte schien wieder guter Laune zu sein und Lena war erleichtert. Sie freute sich schon sehr auf die Party nächsten Samstag und hätte es schrecklich gefunden, wenn das Geburtstagskind nicht auch schon ganz aufgeregt gewesen wäre.

Sie sprachen gerade darüber, welche Süßigkeiten und Knabbersachen sie zur Party mitbringen wollten, als Paulinas Vater den Hof betrat. „Hallo, alle zusammen“, sagte er und kam auf sie zu. „Ist euch zufällig heiß?“

„Viel zu heiß", erklärte Mia übertrieben und tat so, als würde sie gleich ohnmächtig werden.

Mr Wells lachte. „Ich hätte da eine Lösung", sagte er. „Ich bringe euch alle ins Freibad in Willow Springs!"

Paulina klatschte in die Hände. „Tolle Idee, Papa!", rief sie. Sie grinste die anderen Mädchen an. „Das machen wir!"

Lena betrachtete ihre Reithose und ihr T-Shirt. „Wir können nicht in unseren Reitsachen schwimmen gehen."

„Stimmt", meinte Mr Wells. „Aber ich würde euch auch von Haus zu Haus fahren, damit ihr alle eure Badeanzüge und Handtücher einsammeln könnt. Was sagt ihr?"

Lena und die anderen antworteten mit

begeisterten Rufen. „Ja, bitte!“ und „Hurra!“ und „Vielen, vielen Dank!“ und „Sie retten uns das Leben!“. Letzteres kam natürlich von Mia.

„Wartet kurz, dann ziehe ich schnell meinen Badeanzug an“, sagte Juli und rannte bereits zum Haus. „Ich bin in zwei Sekunden wieder da!“

„In anderthalb!“, rief Mia und alle mussten lachen.

„Ihr könnt ja schon ins Auto steigen“, sagte Mr Wells zu den Mädchen. „Damit Juli nicht noch einmal bis hierher rennen muss, sammeln wir sie direkt vor dem Hauptgebäude ein.“

Sie liefen zum Minivan von Mr Wells. Da fuhr ein weiterer Wagen vor und parkte hinter dem Van. „Das sind Mama und die Zwillinge“, sagte Lotte überrascht. „Was wollen die denn hier?“

„Ich weiß es nicht. Aber egal, was der Grund ist, die Zwillinge scheinen darüber nicht glücklich zu sein“, scherzte Paulina.

Das war wahr. Obwohl die Fenster geschlossen waren, konnten sie die Zwillinge weinen hören. Das Heulen wurde noch lauter, als Mrs Stevens ihre Tür öffnete und ausstieg.

„Lotte, da bist du ja“, sagte sie erschöpft. „Kannst du mit nach Hause kommen und mir helfen? Heute Abend kommen doch Oma und Opa zum Grillen und ich muss noch so viel vorbereiten. Die Zwillinge sind heute furchtbar weinerlich und du müsstest sie beschäftigen und beruhigen, während ich koche.“

„Aber wir wollten gerade ins Freibad fahren“, sagte Mia.

„Schon gut“, murmelte Lotte. „Ich gehe ein andermal mit schwimmen. Trotzdem vielen Dank, Mr Wells.“

Abends betrachtete Lena die groben Skizzen, die sie gestern von Goldstück gemacht hatte, und verglich sie mit den Fotos ihrer Mutter. „Ich weiß einfach nicht, welche Pose ich nehmen soll“, sagte sie.

Ihre Mutter sah von ihrer Staffelei auf. Sie waren in der kleinen Gartenhütte, die

sie in ein Malstudio umgewandelt hatten.

„Was ist mit der hier?“ Mrs Kennet trat näher und deutete auf eine Nahaufnahme von Goldstücks Kopf. „Oft ist es leichter, sich nur auf den Kopf des Tiers zu konzentrieren. Dann musst du nicht auch noch den ganzen Körper zeichnen und dich um die Proportionen kümmern. Außerdem kannst du dann besser an dem wunderbar sanften Ausdruck in seinen Augen arbeiten.“

„Oh, gute Idee." Lena lächelte ihre Mutter dankbar an. „Ich bin froh, dass ich eine echte Künstlerin als Beraterin habe."

Mrs Kennet schmunzelte. „Jeder, der etwas mit seinen Händen erschafft, ist ein Künstler, Liebling", sagte sie. „Aber sag Bescheid, wenn du noch mehr Ratschläge brauchst. Ich helfe dir immer gern."

„Danke, Mama." Lena griff nach dem Foto von Goldstücks Kopf und betrachtete es eingehend. Dann sah sie sich in dem gemütlichen Raum um. Mogli war mit ihnen ins Studio gekommen und lag schnurrend auf der Fensterbank. Die Sonne ging langsam unter, aber die letzten warmen Strahlen tauchten das Studio in ein angenehmes goldenes Licht.

„Wie schön das ist, nicht wahr?“, sagte sie.

Ihre Mutter warf ihr einen Blick zu. „Du klingst plötzlich so wehmütig, Lena“, sagte sie. „Ist alles in Ordnung?“

„Oh, ja klar.“ Lena zuckte mit den Schultern. „Es war nur ein merkwürdiger Tag, das ist alles.“ Sie erzählte ihrer Mutter von der schwierigen Reitstunde und von Lotte, die weder mit ihnen reiten noch mit ihnen schwimmen konnte.

„Hm“, sagte ihre Mutter, als Lena ihr alles berichtet hatte. „Die Hitze schlägt vielen aufs Gemüt – sogar Ponys, kann ich mir vorstellen. Und Lotte scheint im Moment besonders viel um die Ohren zu haben. Die Übernachtungsparty wird ihr hoffentlich guttun.“

„Ja." Beim Gedanken an die Party wurde Lena plötzlich ganz aufgeregt. „Ich kann es kaum erwarten."

Am nächsten Samstag freute Lena sich schon beim Aufwachen auf das Geburtstagsfest am Abend. Sie war gerade mit dem Frühstück fertig, als Mr Gelburg an die Küchentür klopfte.

„Oh, hallo, Eric!", sagte Mrs Kennet und ließ ihn herein. „Was für eine schöne Überraschung!"

„Hallo, Eric, hallo, Simba", sagte Lena

und begrüßte den Welpen, der hinter seinem Herrchen in die Küche purzelte. Simba versuchte, an ihr hochzuspringen und sie musste lachen. Dann probierte er, ihr über das Gesicht zu schlecken. Aus dem Augenwinkel sah sie, wie ihr Kater die Treppe hinaufflüchtete. „Tut mir leid, Mogli!", rief sie ihm hinterher. Da betrat auch Daisy das Haus. Lena schob Simba zur Seite, damit sie auch die Hündin mit ein paar Streicheleinheiten begrüßen konnte.

„Was habt ihr zwei heute vor?", fragte Mr Gelburg. „Lena, du willst wahrscheinlich zum Ponyhof, oder?"

„Jetzt noch nicht", antwortete Lena. „Ich muss mir meine Kräfte für die Übernachtungsparty heute Abend aufsparen." Sie kräuselte die Nase. „Außerdem ist es viel zu heiß zum Reiten.“

Mrs Kennet schmunzelte. „Ich hätte nicht gedacht, dass dich irgendetwas jemals vom Reiten abhalten könnte“, scherzte sie. „Aber ich stimme dir zu, es ist zu heiß, um groß etwas zu unternehmen.“

„Ehrlich gesagt habe ich darüber auch schon nachgedacht“, sagte Mr Gelburg. „Wie wäre es mit einem Waldspaziergang, bevor es richtig heiß wird?“

„Oh!“ Mrs Kennet strahlte und nickte zustimmend. „Das klingt schön. Wir könnten picknicken.“

„Super“, sagte Lena. „Das wird Simba gefallen.“

Sie machte schnell das Frühstücks-

geschirr sauber, während ihre Mutter ein Picknick zusammenstellte und einpackte.

Dann fuhren sie mit Mr Gelburgs Auto los. Simba saß auf Lenas Schoss.

Auf dem Parkplatz am Waldrand war es ziemlich leer. „Die meisten Leute finden wahrscheinlich, dass es zu heiß für einen Spaziergang ist“, sagte Lena und sah sich um.

„Wir nicht“, erwiderte ihre Mutter. „Im Wald ist es bestimmt schön schattig und kühl.“

Lena fand, dass *kühl* nicht ganz das richtige Wort war, aber sie musste zugeben, dass es sehr angenehm war, den schattigen Wegen zu folgen. Simba zog an seiner Leine und bellte jedes sich bewegende Blatt und jeden zwitschernden Vogel an.

„Wenigstens einem macht die Hitze nichts aus“, bemerkte Mrs Kennet lachend.

Nachdem sie eine Stunde gelaufen waren, fanden sie am Ufer eines Bachs ein hübsches Fleckchen für ihr Picknick. Mr Gelburg schlug vor, dass sie sich zuerst die Füße im Bach abkühlten. Er ließ Simba und Daisy von der Leine, damit sie sich ebenfalls erfrischen konnten.

Lena zog ihre Sandalen aus und watete ins Wasser. Es war kühl und tatsächlich sehr erfrischend. Simba hüpfte um sie herum und spritzte fröhlich mit Wasser und sogar Daisy wurde munterer, als das Bergwasser ihr Fell kühlte. Sie wedelte mit dem Schwanz und bellte, jagte Simba durch den Bach und schnappte nach vorbeifliegenden Insekten.

„Seht euch Daisy an", sagte Lena. „Sie verhält sich wie ein Welpe!"

Sie hob einen Stock auf und pfiff. Daisy spitzte die Ohren, ihre Zunge hing ihr aus dem Maul und sie hechelte. Lena warf den Stock ans andere Ufer und die Hündin rannte bellend hinter ihm her. Simba jagte ihr nach, aber mit seinen kurzen Beinen konnte er nicht mithalten. Er gab auf und schnupperte an einem im Wasser treibenden Blatt.

Lena spielte noch eine Weile mit Daisy Stöckchen, während ihre Mutter und Mr Gelburg im Bach nach hübschen Steinen suchten.

„Das hätte ich nicht gedacht, aber mir wird jetzt tatsächlich etwas kalt“, sagte Mrs Kennet schließlich. Sie watete aus dem Bach, griff nach ihren Schuhen und sah sich suchend um. „Wo ist Simba?“, fragte sie.

Lena sah sich ebenfalls um. Der Welpe war nirgends zu sehen.

„Simba?“, rief Mr Gelburg. „Bei Fuß!“

Lena und ihre Mutter riefen ebenfalls nach dem Welpen. Aber es kam kein

Bellen als Antwort und kein goldenes Fellbündel sauste herbei.

Mr Gelburg kam aus dem Wasser und suchte in den Büschen am Ufer. Lena half ihm. Daisy begleitete sie. Sie schnupperte am Boden und sah besorgt aus.

„Das Gestrüpp wächst so dicht, dass man nicht weit sehen kann“, beschwerte sich Lena. Sie lutschte an einem Finger, den sie sich an einem Dorn gestochen hatte. „Außerdem ist es so dunkel.“

„Ja, und Simba ist so klein, er könnte sich überall verstecken“, fügte ihre Mutter besorgt hinzu.

Sie setzten ihre Suche und das Rufen noch eine halbe Stunde fort. Weiter und weiter entfernten sie sich dabei von dem

Bach. Schließlich seufzte Mr Gelburg und rieb sich über das Gesicht.

„Es ist schon spät", sagte er. „Ich möchte nicht, dass du deine Party verpasst, Lena. Ich fahre euch zwei nach Hause, dann komme ich zurück und suche weiter nach Simba."

„Aber ich will helfen", protestierte Lena.

Ihre Mutter legte ihr die Hand auf die Schulter. „Eric findet ihn bestimmt", sagte sie. „Komm, er hat recht, du musst pünktlich zu Lottes Übernachtungsparty kommen."

Lena spürte Tränen in den Augen. Simba war noch so klein und so jung – viel zu jung, um allein im Wald zu bleiben. Wo konnte er nur sein? Was, wenn sie ihn nicht mehr wiederfanden?

Die Übernachtungsparty

„Ist das Eric?“, fragte Lena, als einige Stunden später das Handy ihrer Mutter summte.

„Ich kann während der Fahrt nicht rangehen“, antwortete Mrs Kennet. „Sieh du nach, wer es ist.“

Lena fischte das Handy aus der Handtasche ihrer Mutter. „Oh“, sagte sie, als sie den Namen auf dem Display las. „Es ist deine Freundin, Mrs Dorner.“

„Ich rufe sie später zurück“, sagte ihre Mutter.

Lena seufzte und starrte aus dem Fenster des Autos. Sie waren auf halber Strecke zum Ponyhof Apfelblüte. Den ganzen Nachmittag war Lena so beschäftigt gewesen, dass sie kaum an Simba hatte denken können. Zuerst hatten ihre Mutter und sie Marshmallow-Kekse, belegte Brote und andere Leckereien vorbereitet und sorgfältig eingepackt. Danach war Lena ins Malstudio geeilt, um das Bild für Lotte zu holen und zu verpacken. Lena rollte es vorsichtig zusammen und steckte es in eine Pappröhre, die sie von ihrer Mutter bekommen hatte. Sie kam sich dabei wie eine echte Künstlerin vor.

Gleich würde die Übernachtungsparty beginnen und Lena versuchte, ihre ursprüngliche Begeisterung wieder aufleben zu lassen. Aber das war schwierig, denn nachdem alle Vorbereitungen erledigt waren, musste sie wieder die ganze Zeit an Simba denken.

Ihre Mutter warf ihr einen Blick zu. „Mach ein fröhliches Gesicht, Lena“,

sagte sie. „Eric wird nicht aufgeben, bevor er den Kleinen gefunden hat. Außerdem trägt Simba einen Mikrochip. Wenn ihn jemand findet, kann jeder Tierarzt feststellen, dass der Hund Eric gehört.“

„Oh, das hatte ich total vergessen.“ Lena war ein bisschen beruhigter. Sorgen machte sie sich aber trotzdem noch.

Als sie einige Minuten später in den Hof trat, summte es dort vor Geschäftig-

keit. Juli und Hannah hängten Girlanden mit Happy-Birthday-Schriftzug auf. Mia richtete das Essen auf einem Klapptisch an. Und Paulina half Mrs Marle, das Kopfsteinpflaster zu fegen.

„Ist Lotte noch nicht da?“, fragte Lena und stellte ihre mitgebrachten Sachen auf den Tisch.

„Nein, aber sie hat geschrieben, dass sie auf dem Weg ist.“ Mia kicherte. „Ich glaube, sie will einen großen Auftritt hinlegen.“

In diesem Augenblick kam Julis große Schwester Isabel auf den Hof. In einer Hand hielt sie einen Umschlag und in der anderen eine kleine Reisetasche. „Wo ist der Ehrengast?“, fragte sie.

Mia erklärte es ihr und Isabel sah auf ihre Uhr. „Ich hoffe, sie kommt bald. Ich will ihr mein Geschenk geben, bevor ich gehe.“

„Wohin gehst du denn?“, fragte Lena.

Isabel lächelte. „Ihr habt mich und meine Freundinnen auf eine Idee gebracht. Wir machen heute auch eine Übernachtungsparty, so wie früher.“

Lena lächelte. Dann entdeckte sie Hop und Skip, die sich um ein Spielzeug stritten, und ihr Lächeln verschwand.

„Was ist los?“, fragte Hannah.

Lena hätte wissen müssen, dass Hannah ihre getrübte Stimmung bemerken würde. Ihr entging nie etwas.

„Tut mir leid, dass ich nicht so gut gelaunt bin“, sagte sie. „Aber vorhin ist etwas passiert …“

Sie erzählte ihnen von Simbas Verschwinden. „Oh nein!“, sagte Juli. „Vielleicht sollten wir Mr Gelburg alle helfen gehen.“

Ihre Mutter schüttelte den Kopf. „Es wird bald dunkel“, sagte sie. „Außerdem bin ich mir sicher, dass Mr Gelburg ihn finden wird.“

Lena und ihre Freundinnen sahen sich bedrückt an. „Sie haben wahrscheinlich recht, Mrs Marle“, sagte Paulina schließlich. „Wir sollten uns keine Sorgen machen.“

„Ja“, meinte Mia. „Lasst uns die Party genießen.“

Endlich kam auch Lotte. Sie war begeistert von der Dekoration, dem Essen und den vielen Geschenken.

„Wann darf ich sie auspacken?“, fragte sie aufgeregt.

„Nach dem Essen“, sagte Juli. „Aber das von Isabel kannst du jetzt schon auspacken, weil sie gleich losmuss.“

Isabel reichte ihr den Umschlag. Lotte öffnete ihn und quietschte vor Freude. „Danke, Isabel!“, rief sie und umarmte Julis Schwester.

„Was ist es?“, fragte Lena.

Lotte hielt ein Blatt Papier hoch. Es war ein Gutschein für drei private Springstunden auf Goldstück und Isabel würde sie unterrichten. Sie hatte süße kleine Ponys rund um das Blatt gezeichnet.

„Toll“, sagte Hannah. „Was für ein schönes Geschenk.“

Nachdem Isabel gegangen war, setzten sich die Mädchen an den Tisch und aßen. Sie waren beinahe fertig, als Mr Gelburg auf den Hof kam.

Lena sprang so hastig auf, dass sie ihren angebissenen Keks fallen ließ. „Hast du ihn gefunden?“, rief sie.

„Oh, hoffentlich“, sagte Lotte. „Das wäre das schönste Geburtstagsgeschenk!“ Lena und die anderen hatten ihr beim Essen von Simba erzählt.

Aber Mr Gelburg schüttelte traurig den Kopf. „Noch nicht, aber ich gebe nicht auf.“ Er sah Mrs Marle an. „Ich bin nur gekommen, um euch um Hilfe zu bitten. Haltet Ausschau nach ihm. Die Gegend, wo er verschwunden ist, ist nicht so weit weg von hier."

„Natürlich", sagte Mrs Marle. „Ich melde mich, wenn wir etwas hören oder sehen."

Mr Gelburg ging wieder und einen Augenblick lang waren alle ganz still. Schließlich seufzte Mrs Marle und sah die Mädchen an.

„Macht nicht solche Gesichter", sagte sie. „Ich weiß, dass ihr um Simba Angst habt. Aber ihr sollt Spaß haben bei eurer Übernachtungsparty. Es reicht, wenn sich die Erwachsenen um Simba sorgen."

Nach dem Essen versammelten sich die Freundinnen um die Geschenke. Die meisten waren in pinkfarbenes oder glitzerndes Papier gewickelt, so wie es Lotte am liebsten mochte.

„Mach meins zuerst auf“, sagte Mia, griff nach einer geblümten Geschenktüte und reichte sie Lotte.

Lotte freute sich über den Inhalt, ein Set aus Glitzerstiften. Ihr gefiel auch der pinkfarbene Helmüberzug von Juli, der pinkfarbene Striegel von Paulina und das neue Pferdebuch ihrer Lieblingsautorin von Hannah.

Zum Schluss war nur noch Lenas Geschenk übrig. Als Lotte das Bild aus der Pappröhre zog und entfaltete, hielt Lena die Luft an. Würde es ihr gefallen?

„Ohhh!“, machte Lotte. „Das ist Goldstück! Es ist wunderschön, Lena.“

„Sie hat es selbst gemalt“, erklärte Mia.

„Wahnsinn.“ Hannah lehnte sich herüber, um besser sehen zu können. „Du bist wirklich begabt, Lena.“

Lena spürte, dass sie rot wurde. „Danke. Sollen wir schnell zur Koppel gehen und den Ponys Gute Nacht sagen, bevor es dunkel wird?“

Alle fanden die Idee super. Die Sonne war hinter den Bergen verschwunden und nur noch ein rosiger Schein erhellte den Mädchen den Weg, als sie vom Hof den Hang hinunter zu den Koppeln liefen.

Lena duckte sich zwischen den Zaunlatten hindurch, da hörte sie ein entfern-

tes Rumpeln. „War das Donner?“, fragte sie.

„Hoffentlich.“ Juli blinzelte Richtung Horizont. „Es ist so heiß, ein Gewitter bringt vielleicht Abkühlung.“

Die Ponys hatten sie bemerkt und kamen zu ihnen herüber. Samson trottete zu

Lena und schien verwundert zu sein, sie um diese Uhrzeit hier zu sehen. Sie umarmte ihn, da hörte sie es ein zweites Mal rumpeln.

„Wir sollten zurückgehen, bevor es anfängt zu regnen“, sagte Hannah.

Paulina nickte. „Im Stall ist es schön warm und trocken.“

Schon bald saßen die Mädchen in ihren Schlafanzügen auf ihren Schlafsäcken, die sie in der großen Doppelbox ganz hinten im Stall ausgebreitet hatten. Sie hatten große Mengen Stroh zusammengeschoben und darüber Isomatten ausgebreitet und so ein riesiges kuscheliges Bett für sich gebaut. Draußen war es jetzt stockdunkel. Das einzige Licht spendete die Glühbirne über ihren Köpfen.

„Das ist so schön“, sagte Lotte und ließ sich seufzend auf ihren Schlafsack fallen.

Paulina bohrte ihr den Finger in den Arm. „Du willst doch nicht etwa schon schlafen?“

„Auf keinen Fall!“ Lotte setzte sich schnell wieder auf. „Ich genieße nur die Ruhe. Es ist schön, die Zwillinge mal nicht schreien zu hören.“

Mia kicherte. „Aber so viel schreien sie doch gar nicht, oder?“

„Mehr als genug.“ Lotte runzelte die Stirn. „Um ehrlich zu sein, sind sie eine ganz schöne Plage.“

„Aber sie sind doch noch Babys“, protestierte Lena.

Lotte zuckte mit den Schultern. „Ich

weiß. Babys, die nicht aufhören zu schreien, außer jemand füttert sie oder spielt mit ihnen.“ Sie schlang die Arme um die Knie, drückte sie an die Brust und legte ihr Kinn darauf. „Ich glaube, Mama und Papa merken gar nicht, dass es mich auch noch gibt, außer sie brauchen meine Hilfe mit den Zwillingen.“

Lena war erschrocken, wie wütend Lotte klang und wie sehr sie die Nase voll hatte – und das an ihrem Geburtstag!

„Sollen wir ein Spiel machen?“, schlug sie vor, um Lotte abzulenken.

„Gute Idee“, sagte Juli. „Wie wäre es mit Wahrheit oder Pflicht?“

Die anderen waren einverstanden und das Spiel begann. Pflicht war am Anfang nicht so schwierig – Paulina schickte

Lotte ohne Licht in die Sattelkammer und Lotte ließ Lena einen Strohhalm essen.

„Nicht schlecht, aber etwas zäh für meinen Geschmack“, sagte Lena während sie kaute und kicherte. „Also gut, ich bin dran.“

Sie ließ Juli einen Handstand mit geschlossenen Augen machen. Und Mia musste für Juli sechsmal um den Apfelbaum rennen und danach, ohne zu wackeln, auf einem Bein stehen. Mia wiederum forderte Hannah auf, mitten auf dem Reitplatz einen verrückten Tanz aufzuführen. Da es noch nicht angefangen hatte zu regnen, gingen alle mit raus, um zuzuschauen. Der Mond war aufgegangen und tauchte alles in silbriges Licht.

„Hier draußen ist es ein bisschen gruselig, oder nicht?“, meinte Paulina. Sie schlang zitternd die Arme um sich.

„Ach was, du bist dran, Hannah“, sagte Juli.

Hannah forderte Paulina auf, auf den Zaun zu klettern und von oben herunterzuspringen. Dann war Paulina an der Reihe.

„Nimm mich“, sagte Lotte grinsend. „Und denk dir etwas Gutes aus. Schließlich ist mein Geburtstag. Ich verdiene eine supergute Pflichtaufgabe!“

Paulina dachte kurz nach. Dann lächelte sie. „In Ordnung“, sagte sie. „Lotte, reite auf Colonel!“

Komm zurück, Colonel!

„Auf Colonel reiten?“, prustete Lena erschrocken. „Ist das dein Ernst?“

„Klar.“ Paulina grinste Lotte selbstzufrieden an. „Er gehört deinem Opa, es wird ihm nichts ausmachen.“

„Aber Colonel ist so riesig“, protestierte Lena. „Wie soll sie überhaupt auf seinen Rücken hochkommen?“

„Außerdem könnte es jeden Augenblick anfangen zu regnen“, warf Hannah ein.

„Mama und Papa werden die Hufe im Hof hören“, sagte Juli.

„Ich kann ihn auf der Koppel reiten.“ Lotte erwiderte Paulinas Grinsen. „Ich nehme die Herausforderung an!“

Mutig und trotzig stand sie im Mondlicht. Ihre grünen Augen blitzten und ihre roten Haare wehten im Wind. Aber Lena war überhaupt nicht wohl bei der Idee.

„Bist du dir wirklich sicher?“, fragte sie.

„Bin ich“, sagte Lotte. „Colonel ist ganz lieb und er kennt mich. Das wird schon.“

Sie gingen zur Sattelkammer und mussten feststellen, dass Colonels Sattel ziemlich schwer war. „Den kriegen wir

nie im Leben auf seinen Rücken hochgehievt", sagte Lena. Sie war erleichtert, dass Lotte die verrückte Aufgabe aufgeben musste.

„Ach egal." Lotte griff nach einem Zaumzeug und ihrem Helm. „Ich reite einfach ohne Sattel."

Lena schluckte und wechselte einen Blick mit Hannah, die genauso besorgt aussah, wie Lena sich fühlte. Aber die anderen stürmten bereits aus der Sattelkammer.

Die Ponys schienen überrascht zu sein, die Mädchen schon wieder zu sehen. Die Freundinnen tätschelten sie nur kurz auf dem Weg zur Koppel der Pferde.

„Da ist er." Mia deutete auf eine schwarz-weiße Gestalt.

Colonel schlenderte auf die Mädchen zu, die über den Zaun kletterten. Lotte hatte aus der Sattelkammer ein paar Leckerlis mitgebracht und das große Pferd senkte den Kopf, um sie mit den Lippen von ihrer Hand zu klauben.

„Braver Junge“, sagte Lotte und tätschelte seinen Hals. „Helft mir, das Zaumzeug anzulegen.“

Juli und Paulina traten vor und schnell hatte Colonel das Zaumzeug um. Lotte zog ihren Helmgurt fest und sah die anderen an.

„Wer hilft mir hoch?“, fragte sie.

Mia gab Paulina einen Schubs. „Es war deine Idee“, sagte sie. „Du solltest das machen.“

Juli nickte. „Außerdem bist du die Größte von uns."

„Okay." Paulina stellte sich neben Colonel und verschränkte die Hände. Zuerst versuchte sie, Lottes Knie anzuheben, aber Lotte schaffte es kaum, einen Arm über Colonels Rücken zu legen, und rutschte zurück auf den Boden.

„Versuch es noch einmal", sagte sie kichernd. Colonel drehte den Kopf um und blickte die Mädchen erstaunt an.

Lena war erleichtert, dass der große Hengst trotzdem ruhig stehen blieb. „Hebe diesmal lieber meinen Fuß hoch", sagte Lotte.

Beim zweiten Versuch schaffte sie es, ihr rechtes Bein über Colonels breiten Rücken zu werfen. Mit ein bisschen Klettern und Schieben von unten saß sie schließlich oben.

„Wahnsinn", sagte sie und sah sich um. „Ich bin so hoch oben!"

„Allerdings", sagte Lena. „Sei vorsichtig."

Lotte nickte, dann nahm sie die Zügel auf und schnalzte Colonel auffordernd zu. Zuerst ließ sie ihn ganz langsam im Schritt gehen. Doch als sie selbstsicherer wurde, forderte sie ihn zum Traben auf.

Sie ritt Achten und Kreise, während der Rest der Herde sie nicht beachtete, sondern friedlich graste.

Lena entspannte sich. Lotte grinste von einem Ohr zum anderen, es machte ihr wirklich Spaß.

„Das hat sie gebraucht“, dachte Lena. „Was für ein wunderschönes Geburtstagsgeschenk, auf dem Rücken eines Pferds durch den silbrigen Mondschein zu reiten!“

„He, Juli, mach das Tor auf!“, rief Lotte nach einer Weile. „Nur auf der Koppel zu reiten ist langweilig.“

Lena schluckte. „Bist du sicher, dass …“, begann sie, aber dann verstummte sie. Juli öffnete bereits das Gatter, während die anderen drei Mädchen aufpassten, dass die restlichen Pferde nicht versuchten abzuhauen.

Lotte ritt durch das Gatter und die Freundinnen folgten ihr. Juli machte hinter ihnen das Tor wieder zu. Lena musste sich beeilen, um mit den weiten Schritten des Pferds mitzuhalten.

Lotte lenkte Colonel den grasbedeckten Pfad entlang, der auf die Rückseite des Hofs führte. Schon bald kam der Reitplatz in Sicht. Der Sand schimmerte im Mondlicht.

Außerhalb der Koppel war Colonel viel aufmerksamer. Er hielt den Kopf hoch und seine Ohren zuckten bei jedem Nachtgeräusch. Hier draußen sah er noch viel größer aus.

„Wir sollten zurückgehen", meinte Lena.

„Es ist schon spät und wir wollen doch nicht …“

Plötzlich gellte ein Schrei aus dem Wald unterhalb der Wiese. „Oh!“, keuchte Lotte. Colonel hatte einen erschrockenen Satz gemacht und seine Nüstern bebten. Lotte war zur Seite gerutscht.

„Ruhig, Junge“, sagte Juli. „Das war nur ein Fuchs.“

In diesem Moment donnerte es erneut, diesmal noch näher und lauter. Colonel schnaubte aufgeregt, machte einen großen Sprung und galoppierte dann in die entgegengesetzte Richtung davon – Lotte konnte sich nicht mehr festhalten und landete auf dem Boden.

„Colonel, brr!“, rief Juli, aber es war zu spät. Das schwarz-weiße Pferd raste

bereits auf den Wald zu. Die Zügel flatterten hinter ihm her.

Lena rannte zu Lotte. „Hast du dich verletzt?“, fragte sie.

Lotte setzte sich vorsichtig auf und rückte ihren Helm gerade, der beim Sturz verrutscht war. „Alles in Ordnung“, antwortete sie mit zitternder Stimme. „Wo ist Colonel?“

Ohne ein Wort zu sagen, deutete Lena

auf den Wald. Mia rannte bereits in die Richtung. „Wir müssen ihn einfangen!“, rief sie.

Lena und die anderen liefen ihr hinterher. Aber dann blieb Paulina stehen.

„Das ist Irrsinn. Wir holen ihn zu Fuß nie ein“, erklärte sie. „Lasst uns die Ponys holen.“

„Sollten wir nicht lieber deine Eltern wecken?“, fragte Mia Juli.

„Nein!“, sagte Juli. „Wir bekommen riesigen Ärger, wenn sie das herausfinden. Wenn eine von uns jemals wieder ein Pony auch nur sehen will, finden wir Colonel besser selbst, und zwar schnell!“

Lena warf Lotte einen Blick zu, die sehr blass geworden war. „Juli hat recht“, sagte sie. „Wir müssen ihn einfangen, bevor er sich verletzt. Oh, was habe ich nur getan?“

Für eine Antwort war keine Zeit. Die Mädchen rannten zum Hof zurück und direkt in die Sattelkammer. „Keine Zeit zum Satteln“, sagte Juli, stülpte sich einen Helm auf den Kopf und warf sich Smarties Zaumzeug über die Schulter. „Wir reiten ohne Sattel.“ Sie schnappte sich eine Taschenlampe von einem Regal, stopfte sie in ihren Rucksack und warf ihn über die andere Schulter. „Los!“

Lena war erst wenige Male ohne Sattel geritten, aber sie nickte, weil sie wusste, dass Juli recht hatte. Satteln würde zu lange dauern. Trotzdem war sie nervös, als Hannah ihr einige Minuten später auf Samsons Rücken half.

Aber als sie auf dem vertrauten Rücken saß, beruhigte sie sich etwas. Sie reihte sich hinter Juli ein, die alle von der Koppel führte und sich dann auf Smarties Rücken schwang. Smartie tänzelte ein wenig hin und her, aber er gehorchte, als Juli ihn den Hügel hoch lenkte.

Im Wald war es dunkel und unheimlich und voller seltsamer Geräusche – ganz anders als am Tag. Lena wusste nicht, wovor sie mehr Angst hatte – dem unheimlichen Wald oder dem Ärger, den sie bekommen würden, wenn Mrs Marle herausfand, was passiert war.

Juli ritt voran. „Hierher, Colonel!“, rief sie. Dann drehte sie sich zu den anderen um. „Keine Sorge. Er ist bestimmt stehen geblieben, um zu grasen, sobald er sich von seinem Schrecken erholt hat.“ Sie zuckte mit den Schultern. „Wir treffen ihn wahrscheinlich auf dem Weg zurück zum Ponyhof.“

„H-h-hoffentlich“, stammelte Lena.

„Seht mal!“ Mia deutete auf den Boden. Sie waren zu einer Lichtung gekommen. Mondlicht schien durch die Baumwipfel. „Das ist doch ein Hufabdruck! Er ist bestimmt dort entlang.“

„Das ist doch der neue Pfad, den wir letztes Wochenende entdeckt haben, oder?“, fragte Lotte. „Der mit dem steilen Hang.“

Lotte hatte recht. „Hoffentlich hat er nicht diesen Weg genommen“, sagte Lena.

„Doch, hat er.“ Juli war vorgeritten und

beleuchtete den Hufabdruck und das Gebüsch darum herum mit ihrer Taschenlampe. „Einige Zweige sind abgeknickt und führen in diese Richtung. Kommt!"

Sie folgten dem Pfad. Als es bergab ging, presste Lena ihre Beine fest an Samsons Bauch und legte eine Hand auf seinen Widerrist. Hoffentlich würde sie nicht über seinen Kopf abrutschen.

Alle Ponys wurden langsamer und suchten sich vorsichtig einen Weg den steilen Hang hinab. „Smartie, lass das!“, sagte Juli, als ihr Pony sich erschreckte, einen Hopser machte und beinahe den Halt verlor. „Bleib ruhig, du Dummerchen.“

„Vielleicht sollten wir besser absteigen“, sagte Hannah, als Rapunzel auf einigen losen Steinen ausrutschte. „Wir können sie zu Fuß hinunterführen, das ist sicherer.“

Alle stimmten zu. Lena fühlte sich auf dem Boden sehr viel wohler. Sie achtete darauf, wohin sie ihre Füße setzte, und passte auf Samson auf, der neben ihr ging. Sie kamen an ein besonders steiles Stück des Wegs.

„He!“ Paulina blieb stehen, legte den Kopf schief und lauschte. „Ähm, habt ihr das auch gehört?“

Alle blieben stehen, um zu lauschen. Irgendwo vor ihnen raschelte es laut, außer Sichtweite hinter der nächsten Wegbiegung.

Lena schluckte schwerfällig. „Hoffentlich ist das Colonel“, wisperte sie. „Und nicht etwas anderes.“

„Was denn?“, fragte Mia. „Oh! Hier gibt es doch keine Bären, oder?“

„Natürlich ist es Colonel“, zischte Juli. Sie pfiff leise. „Colonel? Hierher!“

Sie gingen weiter und der schmale Pfad öffnete sich endlich zu einer weiten Lichtung. Erleichtert sah Lena das große schwarz-weiße Pferd auf der Wiese stehen. Es hatte ihnen das Hinterteil zugewendet und atmete schwer.

„Puh!“ Paulina klang erleichtert. „Colonel, ich bin so froh, dass es dir gut geht!“

Das Pferd zuckte mit einem Ohr in Richtung der Mädchen, aber es drehte sich nicht um. „Was starrt er so an?“, fragte Juli.

„Einen Bären?“, kreischte Mia.

Da schnaubte Colonel und machte einen Schritt rückwärts. Und da sah Lena das kleine, goldfarbene Bündel, das vor dem Pferd auf dem Boden kauerte.

„Oh mein Gott!“, rief sie aufgeregt. „Colonel, du hast Simba gefunden!“

Ein unvergesslicher Geburtstag

Lotte warf Mia Goldstücks Zügel zu. Sie rannte zu Colonel und griff nach seiner Führleine. Tränen rannen ihr über das Gesicht, als sie das riesige Pferd umarmte.

„Oh, Colonel“, schluchzte sie und streichelte seinen großen Kopf. „Ich bin so froh, dass es dir gut geht!“

Währenddessen reichte Lena Hannah Samsons Zügel und rannte zu Simba. Sie nahm ihn in die Arme. Der Welpe zitterte. Er winselte und schleckte ihr dann mit seiner warmen Zunge über das Gesicht.

„Alles in Ordnung mit ihm?“, fragte Paulina.

„Ich denke schon“, antwortete Lena. „Ihm ist nur kalt und er ist verängstigt.“

Sie setzte den Welpen in Julis Rucksack und schob die Gurte über ihre Schultern. „Oh!“, sagte sie. „Er ist schwerer, als er aussieht.“

Juli lächelte. „Kommt, lasst uns zurückreiten. Da drüben, neben dem Baumstumpf, können wir hochklettern.“

Vorsichtig stieg Lena den Hang hoch. Wegen Simba versuchte sie, möglichst wenig zu wackeln. Der steile Pfad erschien ihr auf dem Rückweg viel weniger gefährlich als vorhin, trotzdem hielt sie sich zur Sicherheit an Samsons Mähne fest. Juli führte Colonel an der Leine.

Als sie oben angekommen waren, winselte der Welpe leise. „Schon gut, Simba“, sagte Lena. „Wir sind bald zu Hause.“

„Ach, das arme kleine Ding“, sagte Lotte hinter ihr. „Er muss schreckliche Angst gehabt haben, so ganz allein da draußen.“

Auf dem Ritt durch den Wald sprachen die Mädchen nicht viel. „Wir werden mächtig Ärger bekommen, wenn jemand gemerkt hat, dass wir weg sind“, sagte Mia schließlich.

Paulina zuckte mit den Schultern. „Vielleicht können wir die Ponys zurück auf die Koppel bringen, bevor das passiert."

Aber sobald sie aus dem Wald ritten, wusste Lena, dass das nicht klappen würde. Jedes Licht auf dem Hof war an. Sogar die Lampen am Reitplatz.

Ohne ein Wort zu wechseln, ritten sie durch den Torbogen. Lena entdeckte ihre Mutter. Sie sprach mit Mrs Glass, die sehr besorgt aussah. Auch die meisten anderen Eltern waren da. Mr und Mrs Stevens hatten sogar die Zwillinge mitgebracht, die neben dem Apfelbaum in ihren Babyschalen saßen.

Mrs Marle war die Erste, die die Mädchen entdeckte. Sie kam auf sie zu, erleichtert und zornig zugleich.

Bevor sie etwas sagen konnte, glitt Lotte von ihrem Pony und rannte an ihr vorbei, um ihre Eltern zu umarmen. „Es tut mir so leid“, sagte sie. Dann fiel sie auf die Knie und küsste die Zwillinge auf die Stirn. „Tut mir leid, tut mir leid. Ich liebe euch beide so sehr!“

„Und sie lieben dich“, sagte ihr Vater verdutzt. „Das tun wir alle.“

Lena hörte nicht, was Lotte antwortete, weil ihre Mutter neben Samson aufgetaucht war. „Ich bin sehr, sehr sauer auf dich“, begann sie. „Ich hätte nie gedacht, dass du … was ist das?“

Lena bemerkte, dass Simba seinen Kopf aus dem Rucksack gestreckt hatte. Auch Mrs Marle sah den Welpen. „Ist das Simba?“, fragte sie.

Im Durcheinander der Erklärungen, die daraufhin folgten, schien sich der Ärger der Eltern etwas abzuschwächen.

„Kein Wunder“, dachte Lena, nachdem sie Simba aus dem Rucksack gelassen hatte. Der Welpe sprang herum und begrüßte alle. „Wer kann schon wütend bleiben, wenn so ein süßer Welpe herumtollt.“

Es würde bestimmt noch Schelte und Bestrafungen geben. Aber jetzt gab es erst einmal einiges zu tun. Ihre Mutter rief Mr Gelburg an und erzählte ihm von Simba. Mrs Marle untersuchte Colonel, um auszuschließen, dass er sich verletzt hatte. Die Mädchen tauschten das Zaumzeug der Ponys gegen Halfter aus, striegelten sie schnell und brachten sie auf die Koppel zurück.

Als sie zurückkamen, waren die meisten Eltern wieder nach Hause gefahren. „Wir haben beschlossen, dass ihr den Rest der Nacht hier verbringen dürft, so wie es geplant war", sagte Mrs Marle ernst. „Aber ihr müsst versprechen, dass ihr sofort schlafen geht."

„Wir versprechen es", sagten die Freundinnen im Chor. Mia legte sogar beschwörend ihre Hand aufs Herz.

Einen Augenblick später lagen Lena und die anderen in ihren Schlafsäcken. Es hatte angefangen zu regnen und die Regentropfen trommelten eine gemütliche Melodie auf das Stalldach. Lena gähnte erschöpft.

Lotte lag neben ihr. „Danke, dass du geholfen hast, Colonel einzufangen“, wisperte Lotte. „Als er sich erschreckt hat und mich abwarf, hatte ich solche Angst. Ich musste dauernd daran denken, dass ich Andrea und Nickolas vielleicht nie mehr wiedersehen würde.“

Lena nickte und schauderte bei dem Gedanken. „Familie ist das Allerwichtigste“, murmelte sie.

„Ja. Und ich liebe die Babys, das tue ich wirklich, auch wenn sie die ganze

Nacht weinen und ich deshalb nicht schlafen kann.“ Im schwachen Mondlicht, das in den Stall schien, warf Lotte Lena ein Lächeln zu. „Und das, obwohl sie mein Leben völlig auf den Kopf gestellt haben.“

„Es ist doch normal, dass sie dich manchmal nerven, deswegen musst du dich nicht schlecht fühlen“, sagte Lena.

„Sogar Samson nervt manchmal ein bisschen, wenn er meine Beinarbeit nicht beachtet!“ Sie kicherte. „Oder Simba, wenn er wegläuft und alle fast verrückt werden vor Sorge um ihn.“

„Ich bin so froh, dass wir ihn gefunden haben“, sagte Lotte. „Und ich hatte recht, er war das beste Geburtstagsgeschenk von allen.“

„Das ist schön.“ Lena lächelte sie an. „Und eine Sache ist sicher, diesen Geburtstag werden wir alle niemals vergessen!“